Criancice
Conselho
Conformismo
Compaixão
Começo
Coragem
tura
nsistência
petência
Comunicação
Coerência
Consciência
Credibilidade
Comodismo
Compartilhamento

os Cês da vida

Criancice
Conselho
Conformismo
Compaixão
Começo
Coragem
ltura
onsistência
petência
Comunicação
Coerência
Consciência
Credibilidade
Comodismo
Compartilhamento

Os Cês da vida

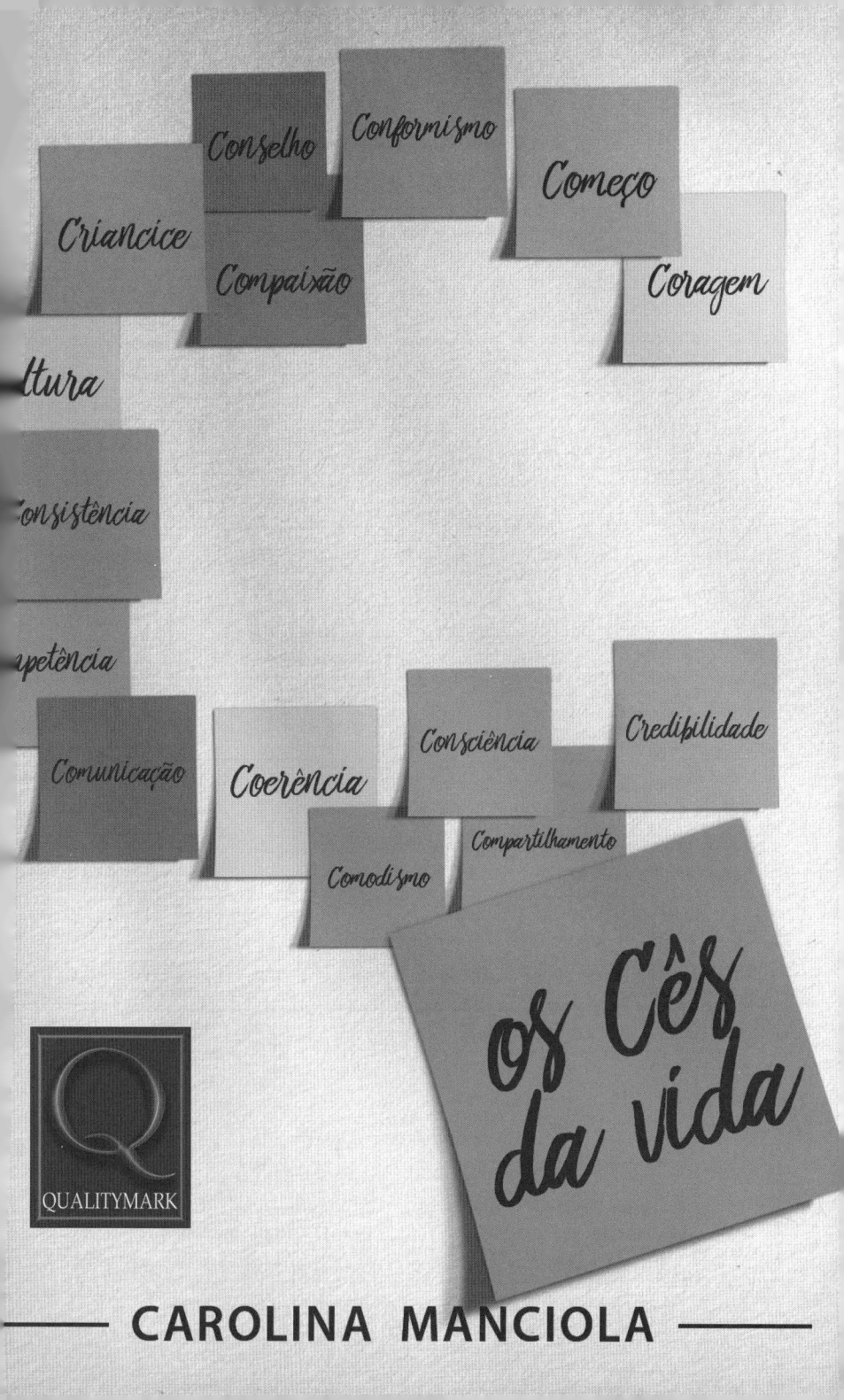

QUALITYMARK

— **CAROLINA MANCIOLA** —

Copyright© 2017 by Carolina Manciola Wulfhorst

Todos os direitos desta edição reservados à Qualitymark Editora Ltda.
É proibida a duplicação ou reprodução deste volume, ou parte do mesmo, sob qualquer meio, sem autorização expressa da Editora.

Direção Editorial	Produção Editorial
SAIDUL RAHMAN MAHOMED editor@qualitymark.com.br	**EQUIPE QUALITYMARK**

Capa	Editoração Eletrônica
THANIA REGINA GOMIDE LINO	**PS DESIGNER**

CIP-Brasil. Catalogação-na-fonte
Sindicato Nacional dos Editores de Livros, RJ

W957c

Wulfhorst, Carolina Manciola
Os cês da vida / Carolina Manciola Wulfhorst. – 1. ed. – Rio de Janeiro : Qualitymark Editora, 2017.
92 p. ; 21 cm.

ISBN 978-85-414-0328-3

1. Psicologia. 2. Comportamento humano – Aspectos psicológicos. I. Título.

17-44901

CDD: 155
CDU: 159.92

2017
IMPRESSO NO BRASIL

Qualitymark Editora Ltda.
Rua Teixeira Júnior, 441 – São Cristóvão
20921-405 – Rio de Janeiro – RJ
Tel.: (21) 3295-9800
www.qualitymark.com.br
E-mail: quality@qualitymark.com.br
Fax: (21) 3295-9824

SUMÁRIO

PREFÁCIO XI

COMEÇO XIII

1. MEUS 3 CÊS 1

2. CORAGEM 7

3. CONFORMISMO 15

4. CONSELHO (OU CONSOLO?) 21

5. COMPAIXÃO 27

6. CRIANCICE 33

7. CULTURA 39

8. COMPETÊNCIA 43

9. COMUNICAÇÃO 51

10. CREDIBILIDADE 59

11. COMPARTILHAMENTO 65

12. COMODISMO 71

DEDICATÓRIA

Ao meu marido Marcus e ao meu filho Leonardo, por me darem o equilíbrio necessário para evoluir.

#GRATIDÃO

Este livro teve diversas fontes de inspiração. Algumas foram mais marcantes e, por isso, eu irei citá-las em ordem cronológica (de aparecimento na minha vida).

Meu pai e minha mãe, Cézar e Rita, por me CRIAREM, no sentido mais amplo da palavra.

Minha irmã, Camila, pelo COMPANHEIRISMO incondicional.

"Tias" Ritinha e Silvinha, pelo CONFORTO nos desafios da minha infância.

Minha "boadrasta", Jael Seabra, pela CONTRIBUIÇÃO precisa em situações tão imprecisas.

Minhas "meias-irmãs", Ana Luísa e Marina, pelo CARINHO em forma de admiração.

"Tia" Beth de Léo, Thiago Fernandes, Naiana Buck, Fernanda Mutti e Ivana Fadul, pelas CONVERSAS acolhedoras.

Meu ex-marido, Fernando Sardilli, por me apoiar em COMEÇOS e recomeços.

Meus incentivadores corporativos, Cesar Souza e Saidul Mahomed, por CREREM no meu potencial.

Os líderes mais marcantes da minha vida, Victoriano Garrido, Maiara Liberato, Scher Soares, Daniel Orlean e Conrado Schlochauer, por incentivarem a minha busca pela CONSISTÊNCIA.

Os amigos do mundo corporativo, Amanda Cáprio, Ivan Correa, Flora Alves, Alexandre Slivnik, pela COERÊNCIA inspiradora.

Meu marido Marcus, por ser meu CÚMPLICE em tantas aventuras. Meu enteado, Nicolas, por despertar minha eterna CRIANÇA.

Meu filho, Leonardo, por ampliar minha CONSCIÊNCIA sobre a vida, por me estimular a agir de forma COERENTE aos meus objetivos e valores e por me inspirar a ser CONSISTENTE no meu caminho.

A todos vocês que citei aqui e a vocês que não citei, mas que COMPREENDEM o desafio de agradecer a tanta gente boa nesse momento tão especial, minha eterna #gratidão.

#genteboaseatrai

PREFÁCIO
À GUISA DE UM PREFÁCIO
ou se preferir...
PRETENDENDO SER UM PREFÁCIO

Por César Souza, consultor,
palestrante e autor de diversos *best sellers*

Querida Carol,

Instigante e inovadora, mais uma vez você me surpreende. Você consegue transmitir às páginas do seu livro o entusiasmo e a comunicabilidade que se tornaram seus diferenciais ao longo da sua trajetória pessoal e profissional.

Eu me lembro bem quando a conheci em Salvador, no início dos anos 2000. Tinha ido fazer uma palestra de lançamento do meu livro *Você é do Tamanho dos Seus Sonhos* e você tinha sido indicada por alguns amigos comuns para organizar o evento.

Fiquei bastante impressionado pelo seu nível de energia, desenvoltura, bom humor e empenho para que tudo desse certo, cuidando dos detalhes e me fazendo, como bom baiano ausente por vários anos, me "sentir em casa". Literalmente!

Fiquei feliz ao perceber, desde o primeiro momento, que o tema e as mensagens do meu livro tinham encontrado uma pessoa que já vislumbrava e estava disposta a lutar pela realização dos seus sonhos.

Você acreditou e passou a se empenhar para transformá-los em realidade. E tem conseguido viver vários dos seus sonhos, ainda bastante jovem, tanto no campo profissional quanto pessoal. Lembro bem da felicidade estampada no seu rosto ao apresentar a mim e à Cris, na Bienal do Livro em São Paulo, ao Marcus e ao Léo.

Nesse histórico de realizações reside um importante "C" que permeia este livro: a Credibilidade.

Seu mais recente sonho, na forma de um livro, é inovador no tema, no formato e no conteúdo. Simples e acessível. Aí identifico um segundo "C", que é a sua marca registrada: a Comunicação.

Não poderia deixar de mencionar a sua Coragem de se reinventar quando necessário para lutar pelos seus sonhos e a Competência com que tem a Competência com que tem desempenhado seus diferentes papéis.

Permita-me então levemente discordar quando você revela, logo no início do livro, que seus 3 "Cês" são Consciência, Coerência e Consistência. Podem até ser. Mas acredito que são parte de uma série de 7, pois adicionaria na sua lista outros "Cês" por meio dos quais lhe percebo: Coragem, Credibilidade, Comunicação e Competência.

Carol, continuamos agora aguardando o livro sobre Vendas que você já iniciou e prometeu publicar. Ele se torna ainda mais necessário agora, quando a Experiência do Cliente (um importante "C" da vida corporativa) tornou-se a nova frente de batalha do marketing. A profunda mudança da forma de pensar e de hábitos de consumidores de vários tipos de produtos e serviços exige a contribuição da percepção feminina aguçada como a que lhe distingue. Sei que nesse campo você conseguirá ir muito além dos tradicionais e já desbotados "4 Pês do Marketing" que marcaram época, mas desde algum tempo já não passam mais por suficientes.

Quanto a você, leitor, desejo que este livro que tem em mãos leve-o a uma autorreflexão cuidadosa e lhe ajude a identificar os "Cês da Sua Vida".

Boa Leitura!

COMEÇO

Plantar uma árvore, ter um filho e escrever um livro. Essa foi a ordem como as coisas aconteceram em minha vida, mas não foi bem assim que planejei.

Escrever um livro é uma tentativa que faço desde criança: tenho até hoje os rascunhos do meu livro de poemas, da autobiografia "Filhos de Pais Separados" e do livro que justificava minha escolha por Administração.

Já adulta comecei a escrever dois blogs e um livro sobre vendas (que ainda vou publicar), mas nada me motivou a ponto de ir até o final.

Após plantar meu próprio jardim e ter um filho, algo mudou profundamente em mim: um olhar quase sempre pragmático deu lugar a um olhar mais contemplativo.

Pude perceber que meu discurso se traduzia sempre em algum C: consciência, coerência, consistência, compaixão, comprometimento, criancisse, congruência, competência e tantos outros Cês retratados nesse livro de forma explícita em capítulos e implícita como temas transversais.

A vontade de compartilhar com o mundo, de forma estruturada, alguns desses meus *insights*, inquietações e provocações, cresceu e transbordou neste primeiro livro.

Reescrevi alguns artigos que comecei a publicar em sites e revistas a partir de 2003 e me deliciei ao perceber que a minha essência tem sido determinante...

...para a minha FELICIDADE.

Há alguns anos escreveria, sem titubear, sobre o meu sucesso. Hoje, entendo que sucesso é uma palavra complexa demais e que são as coisas simples, como ser feliz e ajudar outras pessoas a encontrarem a sua própria felicidade, que me motivam.

As pessoas que não conhecem essa nova Carol certamente devem estar estranhando esse discurso "autoajuda". Eu mesma ainda acho estranho, mas estou cada vez mais convencida de que a única ajuda que funciona é a que oferecermos (e aceitamos) de nós mesmos.

Ao longo dessas 90 páginas, recheadas com 12 artigos, busquei, por meio de uma narrativa informal, traduzir a minha versão sobre alguns dos **Cês da Vida**. Sinto orgulho ao reler a maioria deles, mesmo que, a cada leitura, eu tenha vontade de mudar ou acrescentar algo. Essa busca constante por um novo olhar, uma nova perspectiva, reforça a importância desta publicação pra mim. Ela traduz um momento muito especial e quero, no futuro, poder rememorá-la e lembrar-me de quem fui um dia.

Meu desejo, com esse livro, é também o de inspirar outras pessoas a se desafiarem e acreditarem que sempre é possível ser melhor, fazer mais, ter mais, impactar mais.

Somar vontade com disposição e disciplina torna sonhos realidade.

Essa parece ser a cartilha das pessoas que chegaram onde queriam estar. E tem sido a minha também.

Recomendo que você não faça uma leitura corrida, mas que escolha o **C** que mais lhe toca nesse momento. A partir do artigo faça uma pausa a fim de encontrar a sua definição para aquela palavra.

Espero que você consiga, a partir da minha visão de mundo, descobrir novas visões para o seu.

Curta, compartilhe e, principalmente, comemore cada nova descoberta.

Carol Manciola

1. MEUS 3 CÊS

Consciência, Coerência e Consistência

> "O pessimista se queixa do vento, o otimista espera que ele mude e o realista ajusta as velas."
>
> William George Ward

Apesar de tomarmos decisões a todo momento, o desafio de fazer escolhas é constante. Isso porque não existe escolha *certa*, o que existe é o impacto causado por ela. A tomada de decisão fica no passado, mas o que acontece depois que implementamos a decisão é nosso presente. E é nele que vivemos.

São vários os momentos da vida em que nos deparamos com grandes escolhas. As tais crises existenciais não são somente aquelas em que nos perguntamos "quem sou eu?", "que caminho devo seguir?" ou "por que estou aqui?". Elas acontecem em momentos de mudanças quando existe a possibilidade de um novo trabalho, quando o fim de um relacionamento se aproxima ou quando amigos mudam de cidade, por exemplo.

Os elementos que nos levam à tomada de decisão são cruciais para que possamos prever os impactos e reconhecer o quanto estamos dispostos a lidar com o que vem depois. No entanto, eles são muitos. Se formos elencar todos os recursos e possibilidades, ficaremos paralisados ou até mesmo inertes.

A questão é: como conseguir considerar os diversos *stakeholders* **da sua vida para garantir o equilíbrio dos fatores importantes, para você, no momento de fazer uma escolha?**

Como sempre me senti motivada pelo REALIZAR, a pressão por decidir e seguir em frente é constante e o risco de concluir precipitadamente também. Para aumentar a precisão da escolha dos caminhos que decido trilhar, criei um mantra que considera 3 Cês: Consciência, Coerência, Consistência.

CONSCIÊNCIA

Ter clareza da situação atual e dos possíveis impactos de cada escolha é a base da tomada de decisão. Não basta olhar ao redor: é preciso olhar para dentro de si mesmo.

Segundo o dicionário Aurélio, consciência significa "*atributo pelo qual o homem pode conhecer e julgar sua própria realidade; faculdade de estabelecer julgamentos morais dos atos realizados; conhecimento imediato de sua própria atividade psíquica; noção*".

Nesse sentido, estar consciente é ter lucidez sobre a situação de forma holística. Apenas estando consciente é possível sentir-se responsável pelos próprios atos. A consciência me permite entender cada vez mais que não sou o que penso, mas sim o que comunico. Ou seja, se as pessoas fantasiam sobre mim é porque eu permito isso. Estar consciente é reconhecer fraquezas e fortalezas. É jogar aberto consigo mesmo. Só assim será possível protagonizar o que vem a seguir, agindo diante das ameaças e oportunidades que surgem pós decisão.

Para entender o porquê do contexto atual e, principalmente, porque muitas vezes ele se repete, é preciso reconhecer padrões. São os padrões que vão justificar porque, muitas vezes, você não sai do lugar. É nos padrões que você deverá atuar caso queira mudar seu contexto.

Encarar-se não é algo fácil, mas é impossível reconhecer algo que não se conhece.

COERÊNCIA

Se você escolheu um caminho, então deve estar preparado para seguir por ele. Ouço muitas pessoas usarem a frase: "*Cuidado com o que você pede, pois um dia pode se tornar realidade*". Isso é tão incoerente... ter "cuidado" com algo que se deseja não parece inteligente. Prefiro essa frase da seguinte forma: "**Prepare-se** para o que você quer, pois se você quer mesmo, isso vai se tornar realidade".

Ser coerente é agir de acordo com seus objetivos, afinal, apenas definir um propósito não é garantia de realização. É preciso rever suas crenças, quebrar paradigmas não compatíveis com o que se deseja e adquirir novas capacidades. Enfim: munir-se de competências. Ser coerente é, como se diz por aí, não esperar pelo vento, mas agir ajustando as velas.

A COERÊNCIA é essencial para relações sustentáveis e felizes. Prometeu, cumpra. Desceu pro *play*, brinque.

Para agir de forma coerente é preciso que sentimentos, pensamentos e ações estejam em linha. Mudar um sentimento é algo muito difícil, mas mudar um comportamento é questão de desejo, disposição e disciplina. E mudando seu comportamento você será capaz de mudar seus sentimentos.

Existe uma frase atribuída a Albert Einstein que gosto muito e que diz o seguinte:

"A vida é como jogar uma bola na parede:
Se for jogada uma bola azul, ela voltará azul;
Se for jogada uma bola verde, ela voltará verde;
Se a bola for jogada fraca, ela voltará fraca;
Se a bola for jogada com força, ela voltará com força.
Por isso, nunca "jogue uma bola na vida" de forma
que você não esteja pronto a recebê-la.
A vida não dá nem empresta;
não se comove nem se apieda.
Tudo quanto ela faz é retribuir e transferir
aquilo que nós lhe oferecemos."

Consciência sem coerência não muda o padrão. É preciso reconhecer e agir.

CONSISTÊNCIA

Ser consistente é manter-se inspirado a querer mais.

Algumas pessoas confundem persistir com insistir. Insistência é repetição, é "bater na mesma tecla", é tentar vencer pelo cansaço.

A persistência é tentar de formas diferentes alcançar um objetivo definido.

Ser consistente é saber quando insistir e quando persistir. A consistência é algo de intenso fundamento, que tem propósito claro e demonstra força na sua sustentação. Construir bases sólidas é fundamental para manter-se firme no propósito.

A consistência impede você de ser mais ou menos, de ser café com leite. Consistência está relacionada à intensidade. É mergulhar fundo. É despir-se de qualquer coisa que lhe impeça de fazer bem feito. Como diria Fernando Pessoa:

> "Para ser grande, sê inteiro: nada
> Teu exagera ou exclui.
> Sê todo em cada coisa. Põe quanto és
> No mínimo que fazes."

Consciência e coerência, sem consistência, não estabelecem um novo padrão. É preciso reconhecer, agir e transformar um novo comportamento em um hábito.

Esses 3 Cês têm sido fundamentais na minha vida. Eles me permitem o equilíbrio para evoluir.

Para algumas pessoas, esse é um caminho que pode parecer óbvio, no entanto, para outras, é mais fácil encontrar desculpas para justificar a manutenção do *status quo* do que se desafiar a novas maneiras de fazer as coisas ou de se tornar uma pessoa melhor.

Assim como estar presente em sala de aula não garante o aprendizado, estar vivo não é garantia de saber viver. Estar disponível de nada adianta se você não estiver disposto.

Consciência, coerência e consistência. Sempre!

2. CORAGEM

Coragem by Myself

> "O correr da vida embrulha tudo.
> A vida é assim: esquenta e esfria,
> aperta e daí afrouxa,
> sossega e depois desinquieta.
> O que ela quer da gente é coragem."
>
> Guimarães Rosa - Grande Sertão Veredas

Coragem. Seja em *posts* no Facebook, em matérias da TV, em situações do cotidiano, parece que o mundo precisa desse sentimento. Fui procurar no dicionário a definição da palavra e encontrei no *Houaiss* o seguinte:

1. Moral forte perante o perigo, os riscos; bravura, intrepidez, denodo;
2. Firmeza de espírito para enfrentar situação emocionalmente ou moralmente difícil;
3. Qualidade de quem tem grandeza de alma, nobreza de caráter, hombridade.

Como sempre achei que coragem tinha a ver com coração, decidi ir um pouco mais a fundo e pesquisei a etimologia da palavra:

> "Registrado em português desde meados do século XVI, o substantivo coragem foi importado do francês courage, vocábulo cinco séculos mais antigo (herdeiro do latim cor, cordis, 'coração'), sinônimo de coração. Mas não se trata do coração físico, designado em francês pela palavra 'coeur', mas do coração como 'morada dos sentimentos'. Segundo o Trésor de la Langue Française, nas décadas seguintes a palavra recebeu uma expansão semântica para nomear 'estado de espírito' e 'desejo, ardor'. Coragem era força interior, um sinônimo de ânimo."

Agora sim começou a ficar quente! Mas como ainda sinto falta de alguns elementos que expliquem a coragem como eu a percebo, me encorajei escrever minha própria versão de coragem que intitulei de "Coragem *by myself*".

Durante muito tempo, achei que me faltava coragem: aquele impulso que tira você do lugar e bagunça (ou arruma) tudo ao seu redor.

Comecei a perceber que a minha capacidade de racionalizar situações e desdobramentos de ações era muito maior do que eu imaginava. Eu precisava (ou será que ainda preciso?) calcular tudo. Eu me sentia como em um jogo de xadrez no qual eu sempre conseguia escapar do xeque-mate.

E com isso fui aprendendo a ressignificar as coisas, como um truque para me manter no mesmo lugar. Comecei a pintar o meu mundo (aquele meu mundinho de sempre) de diversas cores. Afinal, o mundo tem a cor que a gente pinta, não é? Com isso, passei a procrastinar mudanças que, no fundo no fundo, eu sabia que eram necessárias.

Mas a todo momento surgia aquela vozinha interior que insistia em me inquietar (logo agora que tudo parece estar no lugar?). Foi nesse ponto que comecei a racionalizar novamente. Entender aquilo passou a ser um desafio e, recentemente, a vida foi me dando pistas que colecionei para chegar até aqui.

Pista número 1. Um dia, conversando com um grande amigo sobre meus dilemas e tentando ganhar mais um aliado para o meu posicionamento de me manter no mesmo lugar, ele me contou uma historinha que foi um pequeno soco no estômago:

– Três sapos estavam na beira da lagoa. Dois deles decidiram pular. Quantos continuaram na beira da lagoa?

– Tem pegadinha?

– Não tem pegadinha nenhuma. Pense e responda!

– Se eram três sapos e dois pularam é claro que só ficou um.

– Você estaria certa se eu tivesse dito que dois deles pularam, mas o que eu disse é que dois deles decidiram pular.

E aí está moral da história: **Tomar uma decisão é uma coisa. Implementar a decisão é outra, bem diferente.**

2. CORAGEM ■ 11

A partir daí comecei a perceber que a tal vozinha interior, que alguns chamam de intuição, na verdade era a minha decisão dizendo: "Vai, filha! Se joga! Você já sabe o que precisa ser feito!" E a minha paralisia era meu lado racional, dizendo: "Veja bem, lembra que, se você fizer isso, pode acontecer aquilo. Além disso, aquela outra coisa pode não dar certo como você imagina: olha o caso de fulana de tal, que se deu mal".

E então eu travava. Aliás, travava não: ressignificava! Trazia à tona meu lado positivo que me dizia que, ficando no mesmo lugar, tudo seria diferente. Para que mudar? Tudo estava perfeito. O problema era comigo, pois eu sempre queria demais. O que eu precisava era me readequar, ou seja, realinhar minhas expectativas para me contentar com menos e acreditar que eu tinha mais do que o suficiente. (Alguém se identifica?).

Aqui surgiu a pista número dois. Uma amiga e eu estávamos conversando sobre os desafios profissionais dela. Ela ia remoendo sua história nas diversas empresas que tinha passado e tentando me convencer a apoiá-la a mudar de empresa alegando que "agora sim, eu vou ter a oportunidade de começar do zero e nutrir relacionamentos mais saudáveis, sabe?"

Respirei fundo e disse pra ela: "amiga, pelo que você contou e pelo que te conheço, muita coisa não vai mudar, mesmo que você mude de empresa, de segmento, de cargo, de função..."

Ela silenciou, me olhando como se já soubesse a reposta.

"Então", continuei, "a questão não é o ambiente, nem as pessoas a sua volta: a questão é você e você sabe disso. Vai se enganar até quando?"

E nesse momento contei para ela a historinha dos forasteiros que, sempre que chegavam a uma vila, perguntavam ao dono de uma banca como era a cidade. O dono da banca sempre respondia com uma pergunta: "Como era a cidade de onde você vem?". Se o forasteiro dissesse que era uma boa cidade, o dono da banca dizia que aquela era uma boa cidade; se dissesse que era uma cidade ruim, o dono da banca dizia que ali também era uma cidade ruim.

Enfim, como num processo terapêutico, o que era óbvio me gritou na alma: até quando eu vou me enganar? Até quando eu vou fingir que me contento com pouco? Eu preciso mudar para mudar!

Mas caramba, se mudar de lugar, de estado civil, de trabalho, de qualquer coisa já é tão difícil, mudar a gente mesmo é ainda pior (e dá bem mais trabalho).

Em resumo as pistas me mostravam que:

1. Não adianta só decidir, é preciso implementar;
2. Antes de mudar de lugar, prepare-se para uma mudança mais profunda em si mesmo.

Mas alguma coisa ainda faltava para explicar a coragem e foi aí que as pistas número 3 (sim, foram várias) surgiram nessa noite chuvosa:

- Com 14 anos, decidi ir morar com meu pai. E fui. E foi importante.
- Com 20 anos, decidi largar o trabalho e apertar o cinto, mas me dedicar somente aos estudos para entrar numa universidade federal. E larguei, e estudei. E me formei numa das melhoras faculdades de administração do país.
- Com 27 anos, decidi que ia morar em São Paulo. E vim.
- Com 32 anos, decidi deixar pra trás a empresa que eu tinha construído. E deixei. E me tornei um ser humano melhor.
- Também com 32 anos, decidi acabar um casamento de 14 anos. E acabei. E encontrei o amor da minha vida.
- Com 33 anos, e apenas 6 meses de namoro, decidi engravidar. E o Léo nasceu. E já quero outro!

Uau... esse é um resumo das mudanças mais impactantes que promovi na minha história e todas elas têm algo em comum:

- Eu já sabia que devia implementá-las havia algum tempo;
- Eu tinha desculpas perfeitas para manter tudo como estava;

2. CORAGEM ▪ 13

- Eu criei histórias de desdobramentos perfeitas para essas minhas decisões e encontrei aliados;
- Eu vivi a paz dos dias anteriores da decisão ser implementada;
- O que veio depois foi muito melhor do que eu tinha antes;
- Eu tive **coragem** de mudar.

E acho que aqui consigo chegar à minha definição de coragem:

Coragem é o oposto da minha TPM.

Na minha TPM, eu tenho vontade de largar tudo, de socar pessoas, de sumir do mapa. Mas EU SEI que estou na minha TPM e que tudo aquilo é efeito dos hormônios e que em 1, 2, 3, 4, 5, 6 ou 10 dias todo esse sentimento vai passar.

CORAGEM é saber que tudo pode dar errado, é ter certeza de que ficar onde está é muito mais seguro, é ouvir um monte de gente aconselhando você a ser mais prudente, é ter todas as justificativas do mundo para não mudar e NÃO SABER se deve ou não fazer, mas simplesmente ir, porque no fundo seu coração é mais importante que sua cabeça. Parafraseando aquela frase clichê: o coração tem razões que a própria razão *Reconhece*.

CORAGEM é saber que você está pronto para o que der e vier e, assim, agir, apesar do medo. Ser CORAJOSO é ser humilde e ser arrogante ao mesmo tempo. Humilde para admitir que não era aquilo, que escolheu mal, que não deu certo (ou que não se chegou aonde se pretendia), que cansou, que enjoou, que se enganou, enfim... E é ser arrogante por saber que merece algo melhor e ponto final.

A CORAGEM é o gatilho, é a faísca, é o pulo, mas CORAGEM é também agir no que vem depois.

CORAGEM não diz respeito a deixar pra trás, a terminar... CORAGEM diz respeito à disposição para começar de novo, para fazer diferente.

Se a gente não toma uma decisão e implementa, alguém faz isso por nós. E viramos vítima. A coragem nos permite mais do que protagonizar: nos permite redigir nossa própria história.

O quão corajosa eu sou? Não sei! Mas, como diria Dona Canô Velloso: "Ser feliz é para quem tem coragem".

3. CONFORMISMO

Novas Aspirações, Novas Inspirações

> "Não poderá encontrar nenhuma paixão se te conformares com uma vida que é inferior àquela que és capaz de viver."
> Nelson Mandela

Um ser humano adulto inspira cerca de 20 vezes por minuto. Durante o dia, são cerca de 28.800 inspirações. Esse é um processo vital e complexo, um longo caminho que o ar tem a percorrer até chegar aos pulmões. É por aí que tudo começa: ao nascer, inspiramos pela primeira vez; ao morrer, expiramos pela última.

(Você pode estar achando estranho, mas esse artigo não visa tratar da fisiologia do corpo humano, tampouco sobre suas estatísticas. O que quero provocar aqui é uma reflexão sobre algo inerente à nossa existência e primordial ao nosso desenvolvimento: nosso desejo por mais).

Guimarães Rosa tem uma frase que diz o seguinte: "O animal satisfeito dorme". Mário Sérgio Cortella, movido por essa constatação, escreveu um livro intitulado *Não nascemos prontos*, com provocações filosóficas sobre o tema. Eu o retomo com meu olhar inquieto e pragmático focado sob a perspectiva das inspirações que buscamos quando temos novas aspirações.

Novas aspirações requerem novas inspirações.

Parece tão óbvio, mas, mais uma vez, o cotidiano nos mostra que vivemos agindo no improvável. Por vezes observo pessoas vivendo a mesma cena com personagens diferentes. Diferentes no nome, na cor, mas iguais nas crenças, nas atitudes, nos estilos. É como uma refilmagem que leva a história sempre ao mesmo final.

"Eu quero ser mais feliz."

"Desejo trabalhar em um lugar onde eu seja reconhecido."

"Preciso de um chefe que me desafie."

Para que os objetivos não se tornem devaneios, é importante buscar fontes que estejam alinhadas ao novo propósito, à nova vida que se deseja viver. É claro que existe uma alta probabilidade de dispersão em meio a tanta informação que temos disponível hoje.

É nessas horas que o foco faz diferença. E o foco, aqui, consiste não apenas em saber aonde se quer chegar ou o que se deseja ser. É importante que se tenha clareza dos caminhos que não se deseja percorrer e o que não é mais tolerável.

As nossas listas costumam ser as de desejos. Minha sugestão é fazer uma lista ao contrário. É listar tudo que não cabe mais, que não é mais aceito, sejam coisas fofas, bonitinhas, engraçadinhas ou que tenham qualquer outro atrativo.

Criar é se limitar; evoluir é saber o que deixar para trás.

Nós, seres humanos, temos uma capacidade incrível de nos adaptarmos e, por mais que essa seja uma das competências mais desejadas do século XXI, adaptar-se a uma vida mais ou menos, a um casamento mais ou menos, a um trabalho mais ou menos, nos impede de desejar ser mais. Sem incomodo não há mudança, não há transformação, não há evolução.

Sabe aquela torneira que pinga a noite inteira e você já nem ouve mais? É isso!

Você cria sua verdade e sua verdade cria a sua realidade.

Se você quer algo novo, se tem objetivos maiores, precisa de fontes de inspiração à altura. Algumas pessoas insistem em tentar conquistar novos patamares de sucesso usando os mesmos recursos.

É bom olhar para trás e se vangloriar das suas realizações. É bom olhar pra frente e perceber que existe um mundo de possibilidades. Mas melhor ainda é olhar para dentro e perceber que está no lugar certo, com as pessoas certas porque você DECIDIU estar ali e com aquelas pessoas.

Confinados em nosso mundinho, perdemos um mundão de oportunidades. Acho que essa minha inquietação é reflexo reverso da música que inspirou meu nome: *Carolina*, de Chico Buarque. Aquela frase: "O tempo passou na janela e só Carolina não viu" me alucina. Talvez seja por isso que toda vez que algo me incomoda eu pergunto para mim mesma: "o que eu não estou conseguindo ver"?

É preciso estar atento ao que ocorre à nossa volta, extrair o melhor daqueles que admiramos, aprender com erros e acertos e estar preparado para colher aquilo que se plantou. Sabe aquela frase: "Espere o melhor, prepare-se para o pior e aceite o que vier"?

A minha versão dela é assim: "Trabalhe para conquistar o melhor, tenha um plano B para caso aconteça o pior e prepare-se emocionalmente para saber lidar com o que você não conseguiu prever"!

O medo do novo sempre vai existir, mas isso não pode ser um empecilho às nossas aspirações. O medo precisa ser positivo, afinal ele tem um papel de regulador para nos proporcionar um equilíbrio. Ele contribui para que determinemos a intensidade das nossas ações e nos forcemos a tomar uma atitude. Agir é atuar no presente para criar o futuro.

É preciso saber o que se quer, mas também saber o que não se quer. É preciso reconhecer o que incomoda. Se você se conforma, muitas vezes, você se deforma.

O presente é o que temos em mãos para fazer a nossa história. É nele que precisamos operar buscando novas inspirações que nos guiem ao nosso destino, às nossas novas aspirações. Para isso, novas capacidades precisam ser adquiridas, alguns comportamentos e crenças revistos, lembrando sempre que aquilo que nos trouxe até aqui quase sempre é insuficiente para nos levar mais longe.

É preciso aspirar algo novo, maior e melhor, para inspirar novos ares, pegar fôlego. Só assim você será capaz de suspirar.

Sabendo aonde se quer chegar, é muito mais fácil decidir por qual caminho seguir e quais obstáculos estamos dispostos a superar. É nessa hora que você deixa de ser refém do destino e passa a protagonizar a sua própria história.

Por vezes, me empolgam mais as possibilidades do que a certeza. E haja inspiração!

4. CONSELHO (OU CONSOLO?)

Quem Avisa Amigo É?

"Não generalize: bons conselhos existem, só depende de você saber a quem pedir e ter o discernimento necessário para analisar sua opinião com a de outrem, pois em princípio a tua será sempre mais confiável."

Ivan Teorilang

Em um desses devaneios de tentar entender o real significado de alguns ditados populares, que nada mais são que "frases de origem popular que sintetizam um conceito a respeito da realidade ou uma regra social ou moral", percebi que eles, muitas vezes, são utilizados de forma "perigosa".

Pelo seu caráter de "verdades populares", esses provérbios difundem crenças de que foram se sedimentando ao longo do tempo. Talvez por isso sejam tão repetidos sem uma reflexão um pouco menos superficial do seu real significado.

Um que tem me chamado a atenção frequentemente é o: **Quem avisa amigo é.**

É muito comum ouvir pessoas que justificam sua forma de agir por conta de conselhos recebidos: dicas de pais, amigos, parentes, sugestões vindas de colegas de trabalho e palpites diversos do tipo: "eu, no seu lugar, faria dessa forma...", "se eu fosse você faria diferente..." e por aí vai.

É incrível como todos querem emitir alguma opinião sobre a vida alheia. Algumas vezes sendo convidados a fazê-lo, outras por se sentirem no direito de, mas na maioria das vezes pelo simples fato de se considerarem mais experientes ou mais espertos.

Posso estar sendo Polyana* demais, mas acredito que quase sempre a intenção é muito positiva. E é aqui que mora o perigo.

Os conselhos fornecidos gratuitamente, e que tem como objetivo ajudar, alertar ou orientar, costumam ser parciais. Ou seja, são despejados a partir de uma avaliação unilateral que, na maioria das vezes, é a versão do aconselhado.

Quando juntamos essa visão míope e a potencializamos com a capacidade incrível do ser humano de distorcer os fatos para uma perspectiva mais favorável a si, temos uma bomba!

Buscamos cúmplices na construção de um raciocínio perfeito criado para justificar a manutenção do status quo. Esse padrão repete-se quase que inconscientemente e limita a visão das pessoas, mantendo-as presas à sua ilusão.

Esse reforço positivo de um contexto negativo impede as pessoas de entenderem a verdadeira causa do insucesso. É preciso lembrar que os saltos mais altos só são possíveis quando paradigmas são quebrados. Como diria Albert Einstein: "É o cúmulo da insanidade desejar resultados diferentes fazendo sempre as mesmas coisas".

O mais interessante nisso tudo, e mais comum do que se imagina, é que muitas vezes esses conselhos vêm de pessoas que nunca vivenciaram tal situação ou não conquistaram nada por meio dessas mesmas palavras. Ou seja, no mínimo, antes de dar ouvidos aos conselhos de alguém, é importante refletir sobre o que essa pessoa conquistou aplicando-os à sua própria vida.

---

* Pollyana é uma comédia de Eleanor H. Porter, publicada em 1913 e considerada um clássico da literatura infanto juvenil

No livro, Pollyanna, uma menina de onze anos, após a morte de seu pai, um missionário pobre, muda-se de cidade para ir morar com uma tia rica e severa que não conhecia anteriormente. No seu novo lar, passa a ensinar às pessoas, o "jogo do contente" que havia aprendido com seu pai. O jogo consiste em procurar extrair algo de bom e positivo em tudo, mesmo nas coisas aparentemente mais desagradáveis.

4. CONSELHO (OU CONSOLO?) ■ 25

Um exemplo clássico é o de pessoas desempregadas há bastante tempo criticando o excesso de engajamento no trabalho de quem chega em casa dizendo estar exausto. Outro bastante comum é a pessoa, na mesma posição há anos, aconselhado o colega promovido recentemente a ter cuidado com o chefe. São muitos os casos de conselhos de não gurus em determinado assunto.

É mais ou menos assim:

Joãozinho foi demitido. Seu chefe já tinha lhe dado diversos *feedbacks* sobre sua performance, mas não houve evolução.

Diariamente, ao voltar para casa, Joãozinho queixa-se com seu colega do ônibus, Betinho, que seu chefe pega no pé, que a situação é cada vez mais chata e blá blá blá. Betinho ouve e quase sempre reforça que não sabe como algumas pessoas viram chefes, dando a entender a Joãzinho que o problema é mesmo a classe dos chefes.

No dia em que é demitido, Joãozinho vai aconselhar-se com Betinho, que fala: "Bola pra frente amigo, você merece coisa melhor do que aquele emprego."

Qual a probabilidade de Joãozinho ter o mesmo tipo de problema no próximo emprego e continuar se sentindo uma vítima azarada dos chefes maus preparados? Se ele continuar contando com os conselhos do Betinho, serão altas!

E são com eles que Joãozinho provavelmente vai contar, pois toda vez que ele conta algo do trabalho para sua esposa, a Carlinha, ela diz que ele tem que se esforçar mais. Ele se sente tão incompreendido que seu casamento também chega ao fim.

Fim da história?

Que nada, ela se repete, se repete, e a amizade de Joãozinho e Betinho só cresce, mesmo depois da separação.

Estou sendo irônica e contando uma história boba de forma bem proposital.

#QuemNunca? se afastou de um amigo que lhe disse boas verdades?

Buscar aliados para justificar nossos erros não é nenhuma nova técnica.

É mais comum do que se imagina buscarmos amigos que concordem com nossa versão e nos forneçam os conselhos que queremos ouvir. Com isso, os *amigos conselheiros* podem ser, na verdade, classificados como *amigos consoladores*, afinal eles estão ali apenas para falar aquilo que queremos ouvir.

Amigo mesmo é aquele que fala o que precisamos ouvir, mesmo que isso nos mostre uma realidade não tão cor de rosa. Amigo mesmo, quando acha prudente, discorda da posição firme que adotamos diante de determinada situação. Amigo é aquele que nos ajuda a eliminar a cortina de fumaça que nos impede de ver o que nos atrapalha. Enfim, é alguém que contribui para nosso crescimento e não alguém que simplesmente nos conforta diante das decepções e dos fracassos.

Para algumas pessoas, transformar crenças limitadoras em valores engrandecedores é um hábito. Mas pior mesmo é quem dá ouvidos e se sente confortável em ter ao seu lado "alguém que lhe entende, apoia e consegue colocar-se em seu lugar". Às vezes, de tanto fazer *rapport***, acaba na mesma situação do amigo conselheiro malsucedido, que "já viveu o bastante e entende das coisas da vida".

Como diria Júlio Verne. "O que uma pessoa pode imaginar, outras podem tornar real". Antes de pedir um conselho, reflita se precisa de colo ou direção, de reforço para uma opinião já formada ou de novos horizontes e, principalmente, analise com quem vai se aconselhar, afinal, quem avisa amigo é.

** *Rapport* é um conceito originário da psicologia que remete à técnica de criar uma ligação de empatia com outra pessoa. O termo vem do francês *rapporter*, cujo significado remete à sincronização que permite estabelecer uma relação harmônica.

5. COMPAIXÃO

Compaixão (ou sem Paixão), Precisamos de Humanização

> "Ninguém é igual a ninguém.
> Todo ser humano é um estranho ímpar."
> *Carlos Drummond de Andrade*

Qual foi a última vez que você tentou olhar o outro sobre uma perspectiva mais ampla do que aquela que lhe servia em dado momento? Qual foi a última vez que você, antes de julgar, tentou ouvir? Qual foi a última vez que você agiu de forma empática com aquele colaborador do qual você cobra empatia para com o seu cliente? Qual foi a última vez que você foi tolerante com algum "apressadinho" no trânsito pensando que podia ser alguém com algum problema? Qual foi a última vez que você reconheceu o esforço extra de alguém cheio de boas intenções, mas com pouca capacidade técnica?

O exercício de olhar o outro para compreender seu estado emocional pode ser feito a partir de duas perspectivas: da compaixão ou da empatia.

A compaixão é a compreensão do estado emocional do outro sem, no entanto, invadir o seu espaço. Isso permitir manter-se num estado emotivo positivo. A compaixão é normalmente acompanhada de ações que objetivam ajudar, aliviar a dor ou minimizar o sofrimento, por exemplo. A compaixão lhe toca, sensibiliza e move você em direção à gentileza.

A empatia é uma tentativa de compreender emoções e sentimentos a partir da perspectiva do outro, entrando no seu mundo, como se o indivíduo empático estivesse vivenciando a mesma situação. Ao sentir empatia, o estado emocional é afetado, podendo gerar reações positivas ou negativas, já que o encontro de mundos gera uma combinação não previsível.

Na minha perspectiva, a humanização é a soma da compaixão com a empatia.

No mundo corporativo, o termo humanização é cada vez mais usado como uma bandeira em *slogans*, missões, matérias e textos. Para sair da teoria e ser aplicado na prática, o desafio está em estender esse olhar para o âmbito pessoal a fim de que ele seja legitimado. Alguns devem pensar: mais um modismo organizacional. Definitivamente, o termo pode até ser muito citado, mas não é um comportamento que está na moda. Acredito, inclusive, que chegamos ao ápice da falta de humanização.

Humanizar é enxergar o ser humano atrás de cada pessoa com a qual nos relacionamos: atrás de cada profissional, de cada colaborador, de cada cliente, paciente, fornecedor, professor etc. É agir considerando a pessoa e o seu sentimento no dado momento da relação. É dar ao outro não somente o que ele quer, mas o que ele precisa.

No entanto, antes de praticar a humanização com os outros, é preciso que nos enxerguemos como humanos também. Meu olhar não é uma crítica às pessoas que me rodeiam. É, primeiramente, uma crítica a mim mesma.

A correria da vida muitas vezes faz com que eu cuide de tudo e esqueça de mim. Trabalho, filhos, clientes, marido, casa, o menino que precisa de ajuda na Bahia, os colegas do mestrado que esperam a resenha, o colega de trabalho que espera resposta no WhatsApp... a pressão é grande. E basta eu desconectar só um pouquinho para que ela aumente: "Cadê você que ainda não me respondeu?" "E nosso almoço?" "Qual seu *feedback* sobre a turma da semana passada?" "Você conseguiu falar com a empregada que te indiquei?"

Não, pessoas! Minha intenção não é ignorar ninguém... mas se você não conseguiu perceber minha intenção e interpretou desse jeito, eu estou, sim. Estou ignorando você porque, às vezes, **eu preciso dar atenção a mim mesma**.

O Ponto de Vista é o Ponto da Questão

A gente se mostra forte, exibe o sucesso e, sim, por algum momento, é ele que predomina, é a felicidade que reina, mas como um trecho da música do Cidade Negra: "Você não sabe o quanto eu caminhei, pra chegar até aqui."

Aliás, você não sabe de quase nada! Não sabe que acordo muitas vezes à noite por conta do meu filho pequeno e que, muitas vezes, viro a noite trabalhando para dar conta de tantas demandas. Não sabe que, antes de começar a festinha que eu dei no sábado, eu varri, passei pano, fui ao supermercado, cozinhei, coloquei tudo no lugar e que depois eu fiquei até tarde fazendo tudo de novo para que, no domingo, a casa estivesse impecável para o café da manhã, com cuscuz com ovo (clássico de domingo). Não sabe que eu tenho trocado a atividade física pela leitura porque preciso estar sempre atualizada. Não sabe quantas pessoas eu ajudo profissionalmente, quantas doações eu faço, porque eu não posto isso no Facebook. Não sabe, inclusive, que durante muito tempo eu abdiquei de "curtir" a vida para fazer cursos aos finais de semana. Não sabe de tanta coisa. E nem precisa saber...

Sabe por quê? **Porque eu amo esses pequenos sacrifícios. São eles que me proporcionam grandes prazeres.**

Humanizar não é ter desculpas perfeitas. Humanizar não é tolerar o erro. Humanizar é considerar a possibilidade do erro. Humanizar é acolher e apoiar. É ouvir, é sentir é permitir. É abraçar a alma do outro e não apenas para confortar, mas para contribuir, para reconfigurar, para inspirar.

Reconhecer a sua vulnerabilidade é o que permite que você exista. Precisamos ser mais tolerantes com a gente, precisamos entender que é impossível ser perfeito e tudo bem.

Isso não significa ser menos ambicioso, esforçado ou efetivo. Isso significa compreender que dentro da gente tem um pouco de tudo: sentimentos nobres e não nobres. Que às vezes você vai, sim, ser egoísta, avarento, pirracento, invejoso. Que você é um ser humano.

O desafio é realinhar as expectativas: as minhas e as que os outros têm sobre mim, afinal eu sempre dou conta de tudo. E quando eu canso? E quando eu perco o controle e tenho um ataque de raiva ou de choro? E quando eu não dou aquele show habitual? E quando eu perco o prazo?

Você me humaniza quando coloca sobre mim um olhar que vai além da sorte, que vai além do "berço", que vai além do seu recorte sobre a minha realidade. Eu me torno humana quando reconheço minhas limitações.

Estou falando de mim para fazer você pensar em você. E fazer você pensar nas pessoas ao seu redor.

Humanize-se e humanize suas relações. Permita ao seu coração vibrar e chorar e encontre, na sua essência, o equilíbrio necessário para evoluir.

6. CRIANCICE

Quando Foi que Virei Adulta?

> "Não importa a idade que temos,
> há sempre um momento
> em que é preciso chamar um adulto"
>
> Martha Medeiros

Sentada no chão da sala, eu terminava de arrumar as mochilas da escola dos meninos e um sentimento estranho começou a tomar conta de mim. Senti minha testa franzir daquele jeito que ficamos quando surge uma dúvida gigante.

Parece que foi outro dia que eu estava radiante com o cheiro de caderno novo, com meu estojo multicoisas (daquele que a gente apertava e surgia de tudo), com minha mochila da *Company* (lilás com borda colorida—um sonho!) e minha calça *M.Officer*, indo pra escola. Para a 8ª série, nessa época. Era o ano em que eu poderia sair do colégio no intervalo (os fortes entenderão). E eu pensava: será que um dia vou concluir o ensino médio (Física é tão incompreensível...)? Será que vou conseguir entrar numa faculdade (a concorrência é tão desumana e eu só tenho a opção de uma universidade pública...)? Será que um dia eu vou casar (os meninos são tão pouco românticos)? Será que um dia eu vou viajar para o exterior (é tudo tão caro...)?

De repente, um monte das minhas angústias passadas começou a surgir e eu vi aquela menina desengonçada, comunicativa, cheia de sonhos e medos olhando para o horizonte e, com toda a melancolia típica da adolescência, se questionando: o que mesmo eu vim fazer nesse mundo?

Depois de tanto divagar, voltei para o chão da sala. Da minha sala, com meus móveis, no apartamento que comprei com meu marido. Aliás, o segundo apartamento que comprei, com meu segundo marido. Ai meu Deus! Eu já casei, descasei e casei de novo. E eu fiquei grávida... passei nove meses com um bebê na minha barriga e hoje sou responsável por uma vida. Uma não, várias. Semana passada demiti minha empregada doméstica e fiquei mal pensando no impacto que minha decisão tinha causado na vida de uma família inteira. Caramba! Eu posso tomar decisões, qualquer uma. E tenho condições de implementar a maioria delas.

Deitei no chão. Tudo rodava ao meu redor. Um misto de sentimentos tomou conta de mim de uma forma avassaladora. "Quando foi eu que virei adulta?"

Parece que foi ontem. Minha mãe reclamando que eu não saía do telefone, tardes dedicadas a escrever cartinhas em papel de carta para as amigas, a ansiedade para a viagem de final de ano com meus pais, quando a gente ia de carro para algum lugar por perto (mas que não chegava nunca).

Suspirei fundo! Lembrei da minha primeira viagem internacional, paga em dez vezes sem juros no boleto da CVC. Paris! Tudo parecia um sonho. A primeira viagem à Disney (a trabalho) e eu pulando na cama sem acreditar que estava ali.

E um milhão de outras coisas foram surgindo, quase me atropelando. Quantas conquistas, quantas noites sem dormir, quantas vontades de sumir, quantas vontades de aparecer... Nossa! Quase 23h e ainda preciso mandar dois e-mails... Nossa, eu trabalho. Lidero pessoas, projetos. Convenço empresas a pagar milhões confiando na minha capacidade de entrega. Será que essas pessoas sabem quem sou eu? Sabem que eu ainda me sinto tão... tão sei lá o quê? Será que sabem que me questiono o que é essa "adultice" que tomou conta de mim? Preciso escrever sobre isso. Adoro escrever. Compartilhar. E as pessoas leem. Comentam, compartilham, criticam... sim, tem gente que me detona. A maioria não na minha frente. E tem gente que sente inveja de mim. Hahahaha. Inveja de mim? Logo eu, tão sempre em dúvida e tão sempre cheia de certezas? Logo eu, que me sinto tão, tão sei lá o quê...?

"Quando foi que virei adulta?"

Acho que esse é o tipo de questionamento que só gente adulta faz, né?

23h23... Faço um pedido (isso é coisa de adulto?).

6. CRIANCICE ■ 37

É, posso até ser adulta, mas a criança dentro de mim continua a mesma: inquieta, curiosa, sorridente, comunicativa e "aprontona". Mas na vida adulta isso tem outros nomes: são competências. Algumas diferenciadoras. E elas fazem de mim quem eu sou. É coisa, viu? Será que mais gente entra nessas crises? Que crise deliciosa. Que orgulho de tudo o que vivi.

No dia anterior, havia falecido a Dulce Magalhães. Uma palestrante meio maga, meio fada, que tive a oportunidade de conhecer no início da minha carreira. Lembrei de um exemplo que ela dava usando o relógio: a cada *tic*, a cada *tac*, a cada segundo, ele diz pra gente "menos um, menos um". Em um vídeo postado na internet, ela afirmava: "A morte é o auge da vida (…) A gente nasce pra morrer (…) Por isso, é importante que a gente viva cada dia como este dia, como único dia e como último dia".

Fiquei pensando que virar adulta talvez seja atingir mais um marco da vida. Isso não significa que devamos deixar as outras fases para trás, mas sim carregá-las conosco, nos permitindo imprimir no contexto atual os sonhos, as ansiedades, as angústias, os medos, os desejos das fases passadas.

23h25. Depois mando os e-mails. Preciso dormir. Amanhã tenho um longo dia de adulto pela frente.

7. CULTURA

Crise, Criatividade, Medo e Cultura

> "A cultura devora a estratégia no café da manhã"
> *Peter Drucker*

Toda vez que uma crise aparece logo surge o jargão "na crise, crie". E dessa vez não foi diferente: memes no Facebook substituem o "S" por um cifrão ($), consultores aproveitam para divulgar suas palestras sobre o tema, artigos são reciclados e publicados no LinkedIn, enfim... tudo leva a crer que crise combina com criatividade.

Só que dentro das empresas não parece ser bem assim. Aliás, nos corredores do mundo corporativo, o fenômeno parece ter efeito contrário. Com medo de perder o emprego, muita gente prefere se "fingir de morto", afinal, a ousadia pode custar caro.

É nesse momento que o desafio da cultura organizacional surge com força e a turma do RH começa a tentar entender por que a campanha com ideias sobre como vencer na crise não decolou.

Seria esse paradigma um paradoxo? Ou seria esse paradoxo um paradigma?

Trocadilhos à parte, crise e criatividade não caminham juntas quando a cultura corporativa cria um ambiente de medo. O processo de criação passa pelo *brainstorming* que prega a ausência de filtros.

Expor ideias pouco elaboradas, mas muito úteis para se chegar a algo novo e implementável, é arriscado. Em uma empresa que caça motivos para justificar a demissão de alguém e se sentir menos culpada, esse é um risco que poucos estão dispostos a correr.

Duas palestras magnas em uma conferência recente abordaram esse assunto sob perspectivas diferentes.

Em uma delas, o consultor inglês Simon Sinek, conhecido pelo seu círculo dourado, apresentou outro círculo: o da Segurança.

Sua teoria está baseada na importância de os líderes criarem um ambiente seguro para que as pessoas possam experimentar, crescer e, inclusive, defender a empresa. Segundo ele, "não é a estrutura corporativa que produz resultados, mas a confiança que as pessoas sentem umas pelas outras em trabalhar juntas". O desafio é construir uma liderança forte o suficiente para "proteger sua equipe" e capaz de tomar decisões que podem ser difíceis num curto prazo, mas protegerão a empresa no longo prazo. Para isso é preciso coragem.

E, por falar em coragem, esse foi o tema da palestra da Brené Brown, pesquisadora que há mais de 15 anos estuda questões relacionadas à empatia, vulnerabilidade e conexões humanas. O ponto alto da apresentação foi quando ela falou sobre a coragem de ser imperfeito e a compaixão de ser primeiro gentil com você mesmo para depois ser com os outros.

Segundo ela, conviver com o fato de que você não é perfeito não significa que você aceita a sua condição e ponto final. Isso significa que, a partir da consciência que se tem dos seus desafios, as pessoas devem ser capazes de se expor de forma autêntica e se arriscar. Só assim é possível experimentar coisas novas e crescer.

Enquanto o paradigma de "menos é mais", instalado no momento de crise econômica, não for traduzido para o que se espera das pessoas e até onde elas podem (e devem) ir, continuará em vigor o paradoxo de que menos exposição é mais tempo sem ser notado e, consequentemente, mais tempo no emprego.

E, como num ciclo vicioso, talentos são triturados com excesso de desafios, líderes caem na operação por falta de recursos, a inércia se instala em quem acha melhor "não mexer com o que está quieto" e o RH luta em vão pela construção de uma cultura de engajamento.

Em resumo, já que o jargão não vai sair de moda: na crise, crie. Crie um ambiente seguro e confiável onde as pessoas possam, efetivamente, dar o melhor de si.

8. COMPETÊNCIA

Era uma vez na Tailândia

> "Quem olha para fora sonha,
> quem olha para dentro desperta".
>
> *Carl Jung*

Nos treinamentos e palestras que ministro, costumo usar a expressão "algumas coisas só acontecem na Tailândia" diversas vezes. Nada contra a Tailândia (nem a favor), mas tento me referir a um lugar bem distante com o objetivo de trazer para discussão situações vividas por aquele grupo sem me referir diretamente a ele. É uma ironia que diverte e me dá uma espécie de licença poética em sala de aula.

A ideia não é deixar os problemas reais de lado, mas tratá-los sob uma nova perspectiva, afinal, parece sempre mais fácil resolver os problemas dos outros, certo? Assim, em vez de apontar aquele "defeito" no grupo, permito a crítica à situação e a proposição de soluções como se aquele não fosse um problema "nosso".

Nessa reflexão que proponho agora, a questão central não é o problema em si, mas a maneira como o enxergamos e, principalmente, como lidamos com ele.

Quando falamos sobre resolução de problemas, algumas pessoas podem se lembrar do MASP (método de análise e solução de problemas). A crítica ao MASP concentra-se na sua abordagem, caracterizada como "reativa", o que contrasta com a abordagem "proativa", cada vez mais necessária nos dias atuais. Ou seja, o MASP olha para um problema existente e tenta reconhecer suas causas para evitar problemas futuros. O desafio é, cada vez mais, antecipar possíveis problemas antes mesmo que eles aconteçam e agir para evitá-los.

Fazendo uma correlação com o comportamento humano, percebo que muitas pessoas não fazem nem uma coisa nem outra: nem analisam a raiz dos seus problemas atuais nem se antecipam para evitar problemas futuros. Insano? Não! Comum.

Vamos voltar à Tailândia...

Na Tailândia, as pessoas conseguem enxergar os defeitos dos outros e criticá-los muito facilmente. Lá, difícil mesmo é conseguir ver seus próprios desafios e agir de forma a corrigir rotas e promover melhorias necessárias ao seu desenvolvimento.

Nessa era digital, as redes sociais são uma fonte inesgotável de *cases* tailandeses que reforçam que criticar, julgar e denunciar é bem mais fácil do que encarar a si mesmo.

Facebook

Às vezes tenho dúvida se o nome mais apropriado para essa rede social não seria *Fakebook*, afinal, quem não conhece alguém que se distancia (e muito) daquilo que costuma postar? São inúmeras as frases de efeito que remetem a pessoas fortes e bem resolvidas que, na verdade, não praticam um décimo daquilo que afirmam ser e fazer na rede social. Gente que posta "Bom Dia" todos os dias, mas que não cumprimenta o porteiro. Gente que usa citações diárias de livros e quase não lê. Gente que critica gente e depois comenta na foto "amo essa galera". Gente que... ah, gente, né? Ainda bem que só gente da Tailândia age assim.

LinkedIn

Uma das coisas que tem me chamado atenção no LinkedIn é a falta de clareza das pessoas em relação às suas competências. Uma enxurrada de reclamações diárias cria posicionamentos completamente opostos ao que se busca em um profissional de alta performance. Uma série de *posts* invade os perfis dando a entender que todos são excelentes profissionais e que os problemas corporativos se resumem a: chefes ruins, empresas egoístas, boicote dos recrutadores, politicagem das relações.

Outro dia, uma amiga nessa situação me chamou para almoçar. Ela descreveu, durante todo o almoço, como tem azar com chefes. Em seus últimos quatro empregos, ela foi demitida por "uma chefe incompetente que não conseguia enxergar seu potencial".

Perguntei a ela o que essas chefes tinham em comum e ela quase engasgou. Enfim, caso clássico da Tailândia.

Da Rede Social para uma Análise Racional

Por vezes, tento acreditar que as pessoas se comportam assim para criar uma aura positiva em torno de si, para ganhar *likes* e seguidores, ou apenas para desabafar. Mas é impossível não refletir sobre o reflexo disso em seus resultados.

É incrível a capacidade do ser humano de acostumar-se até com o que incomoda. A tal zona de conforto é, muitas vezes, uma zona de desconforto na qual eu me adaptei. No entanto, é preciso lembrar que o aprendizado só acontece quando nos arriscamos a sair dela.

A programação neurolinguística define o processo de aprendizagem de uma maneira que gosto muito:

1. **Incompetência inconsciente**: eu não sei aquilo que não sei e, muito menos, o que deveria saber. Quanto mais nos fechamos no mundo em que vivemos, menos oportunidades temos de nos conhecer e conhecer o mundo que queremos viver. É difícil reconhecer aquilo que a gente não conhece, mas é preciso fazer um esforço, buscar autoconhecimento e até mesmo *feedbacks* legítimos para que possamos crescer.

2. **Incompetência consciente**: eu sei o que não sei, ou, pelo menos, o que eu deveria saber. Quanto mais nos expomos a situações diversas, maiores são as chances de identificarmos o quanto é preciso aprender. Essa é uma fase crítica do desenvolvimento porque a partir do momento que tenho clareza do que preciso desenvolver, posso optar por esconder embaixo do tapete essa minha incompetência ou arregaçar as mangas para adquiri-la.

3. **Competência consciente**: eu sei o que sei. Optei por ir à luta, estudei, treinei, me esforcei e já posso me declarar competente no que me propus a desenvolver. Nessa etapa, o indivíduo consegue colocar em prática seu conhecimen-

to, porém, ainda não possui a habilidade necessária para agir de forma natural, sem pensar, no automático. O nível de esforço para colocar em prática a nova competência é bem grande. Alguns erros podem ainda ser cometidos, por isso é preciso praticar, praticar, praticar...

4. **Competência inconsciente**: eu nem sei o que sei. Essa é uma etapa que parece distante, mas se prestamos atenção, já fazemos muitas coisas assim. Escovar os dentes, comer, caminhar... volte no tempo e tente lembrar-se de como foi o seu desenvolvimento até chegar aos dias atuais. Ou melhor, pergunte para seus pais ou para quem lhe acompanhou na tenra infância. Posso garantir que não foi de um dia para o outro que você se tornou excelente em fazer essas atividades. E é assim com qualquer outra habilidade que desejemos desenvolver.

Cada uma das fases tem grandes desafios.

A minha provocação, aqui, está no quão é mais fácil criticar quem está tentando se desenvolver, se expondo, errando e acertando. A maioria das pessoas que faz isso sequer tem consciência do que ainda não sabe.

Vivem lá na Tailândia, só conhecem a Tailândia, não desejam sair da Tailândia e sequer tem noção de que o mundo é muito maior.

Uma frase atribuída ao teólogo William George Ward diz: "A vida é como um eco. Se você não está gostando do que está recebendo, preste atenção no que está emitindo".

Esse é meu convite! Se você não quer olhar para dentro porque acredita ser perfeito, então olhe para fora, olhe ao seu redor. Está satisfeito? Se sim, pergunte-se: dá para ser mais? Dá para ter mais? Posso ser melhor ainda? Se não, me perdoe, mas o problema não é do mundo.

Muitos se apegam a valores que não passam de crenças limitantes para evitar mudanças. Muitos preferem gastar energia na elaboração de desculpas que confortam, a fazer o que precisa ser

8. COMPETÊNCIA ■ 49

feito. Muitos preferem acreditar naqueles que se tornam cúmplices dos seus fracassos (os ombros amigos), mas que não inspiram o sucesso. Muitos preferem fingir que são apenas pequenos deslizes, que não refletem a sua realidade. Mas é claro que esses muitos aqui são aqueles caras da Tailândia.

A pergunta é: quem está enganando quem? Não é difícil reconhecer padrões, mas é preciso prestar atenção. Analise suas histórias de sucesso e fracasso e verá como alguns comportamentos se repetem. Os processos de autossabotagem precisam se tornar conscientes para serem evitados, assim como os fatores críticos de sucesso precisam ser identificados a fim de que seja possível calibrar expectativas de desempenho e disposição.

Lá na Tailândia essas histórias não costumam ter um final feliz, mas a boa notícia é que aqui você não precisa de um final, mas sim de vários recomeços.

9. COMUNICAÇÃO

Essência e Aparência

> "E o que parece não querer dizer nada sempre quer dizer alguma coisa."
>
> Fernando Pessoa

"Você não é que você pensa, você é o que você comunica." Essa frase foi recebida por mim como um soco no estômago durante um *workshop* há alguns anos. Eu nem conseguia mais ouvir o que o instrutor falava. É como se todas as minhas críticas às impressões erradas que as pessoas tinham sobre mim passassem a fazer sentido.

Sim, as críticas eram legítimas. Sim, eu não me enxergava.

Só essa frase valeu todo o investimento de grana e tempo que eu tinha feito. A partir daquele momento eu ganhava uma noção bem mais precisa dos meus desafios. Desde então tenho me percebido mais e ficado mais atenta ao meu comportamento, à maneira como eu me comunico.

Selecionei alguns pontos importantes que fazem parte de um todo, mas que podem (e devem) ser observados como questões únicas e que podem estar impactando mais do que imaginamos na percepção que criamos sobre nós.

- Fisiologia

Sabe aquela foto que tiraram quando você estava distraído? Você olha pra ela e diz: "rasguem" (se estiver impressa) ou "não publiquem" (se alguém estiver ameaçando postar). As pessoas olham para você na foto e quase sempre dizem: "Qual o problema? Você ficou bem na foto!"

Bem para os outros, que estão acostumados com a sua cara. Ruim para você, que quase sempre se vê fazendo pose (na foto ou vídeo) ou preparada psicologicamente (no espelho). Acontece que existe uma você que você não vê. Ou vai dizer que você sabe qual a sua cara enquanto assiste a uma aula, enquanto digita no celular, enquanto participa de uma reunião? Sabe aquela mania que a gente tem de julgar os outros: fulano tem caro de esperto, sicrano tem cara de bobo... e você, cara pálida, tem cara de quê? Você pode não conhecer, mas essa sua "cara" que parece não querer dizer nada, para os outros sempre quer dizer alguma coisa.

Posso dar vários outros exemplos: caixa de supermercado ou fila de inspeção no aeroporto. Vai me dizer você nunca escolheu essa ou aquela fila por conta da cara de quem controlava ela? É isso! Sua fisiologia fala muito de você (para os outros). É preciso estar atento a ela.

- Aparência

Questãozinha delicada essa, mas que precisa ser tratada. Sim! Felizmente, ou infelizmente, no mundo em que vivemos não basta ser, tem que parecer. Que me perdoe Saint Exupéry, mas nos dias de hoje, "o essencial precisa ser visível aos olhos".

Essa é uma questão que parece cruel, afinal é politicamente incorreto exigir ou até mesmo sugerir que alguém se vista de um jeito, tenha o cabelo de outro, as unhas, a sobrancelhas etc. Parece desumano, mas nós somos humanos, feitos de carne e osso, e de um monte de pré-conceitos. Isso faz com que classifiquemos pessoas pela sua aparência. Tenho uma amiga que levou um tempão para ser promovida porque "não tinha cara de gerente". Tenho certeza de que o chefe dela não se referia à sua aparência em sim, mas que ela impactava na percepção dele sobre a capacidade de ocupar o cargo, ah, isso impactava. Parece duro? É real.

Eu mesma, quando vim morar em São Paulo, recebi o *feedback* que deveria prender menos o cabelo num "rabo de cavalo", pois isso tornava minha aparência juvenil demais (e como consultora eu precisava transparecer seriedade). Sem contar a dica de "comprar uma bolsa de marca" e "ter um carrão" para transparecer sucesso, que era o que eu vendia. Posso dizer: adotei todas as dicas... pelo sim, pelo não, parece que deu certo.

9. COMUNICAÇÃO ▪ 55

É só isso? Claro que não, mas tudo comunica e eu precisava garantir o que estava ao meu alcance.

- O que você fala

Nesse item entra o conteúdo, o tom, o ritmo e o como. Alto demais? Não. Baixo demais? Não. Rápido? Não. Devagar? Nem pensar...
A fluência verbal dá poderes a você. As pessoas ficam tão encantadas com a conexão das palavras, com a velocidade alternada, com o tom, com a ênfase, que até relevam o conteúdo por alguns minutos.

No entanto, o contrário também é válido. Um palavrão dito com classe ainda é um palavrão. Se o conteúdo infringir as normas do ambiente onde está sendo pronunciado, seu entorno sai de cena.

A minha baianidade me atrapalhou muito quando cheguei na terra da garoa. Nós baianos (quem é vai reconhecer) temos um tom imperativo na fala: "Passe pra mim!" "Pega aí!" "Me ligue!" "Anda rápido!". A gente fala meio direto e reto, sem por favor, por gentileza, se não for um incômodo. E na Bahia tudo bem! Mas em São Paulo não. Por mais meiga que eu fosse no jeito de pedir, sem utilizar um por favor eu parecia agressiva. Um delicioso *feedback* me fez perceber isso. Lembro como se fosse hoje: "Só isso? É só pedir por favor e tá tudo bem?".

Como diria meu conterrâneo Nizan Guanaes: "Conteúdo sem marketing é burrice. Marketing sem conteúdo é picaretagem". Quando o assunto é o que sai da nossa boca, precisamos desse equilíbrio.

- O que você posta

A comunicação escrita começou a ganhar importância por conta do uso das redes sociais. Quando você encontra alguém que não vê há algum tempo, dá aquela geral em sua *timeline* e sai com várias conclusões, do tipo: "Nossa, fulano virou 'porra louca'. Cheio de tatuagem, vive na praia, cheio de filho... deve até fumar maconha...". Atire a primeira pedra quem nunca criou a imagem de alguém olhando seu Facebook! Vai lá saber que o cara é um empresário super bem-sucedido (daqueles que trabalha de terno e gravata), casado com a mesma mulher desde a época da faculdade, que relaxa surfando pelo mundo e que, por filosofia, não posta coisas de trabalho nas redes sociais? Mas vai saber, né? No recorte de realidade que ele decidiu compartilhar, a mensagem, para você, com seus filtros, é outra.

Tentaram até fazer um infográfico com a rede social em relação ao que ela se destina, mas já misturaram tudo, então não faz sentido procurar por padrões. Às vezes, vejo gente criticando o padrão de alguém: "Nossa, você viu Mariazinha? Posta o dia todo foto de academia". Será que essa pessoa já reparou que ela mesma só posta foto de família? Ou que ela só posta frase de autoajuda?

É comum que as pessoas postem coisas para ganhar *likes*, comentários, compartilhamentos. É uma forma de aceitação social (conheço gente que exclui *post* impopular). Se a pessoa posta e isso gera *buzz* na sua rede, ela vai continuar postando. Talvez você, o incomodado, esteja na rede errada.

A questão não é o que você posta, mas a coerência. Alguém que está desesperado atrás de emprego (e sabe que recrutadores fuçam tudo) deve evitar os *posts* "eu odeio segunda--feira". Alguém que está querendo recuperar o casamento (e sabe que o marido é ciumento), talvez deva evitar *selfies* de biquíni. E por aí vai...

Você não controla o que os outros pensam sobre você, mas se for do seu interesse, você pode delimitar algumas sugestões. Se isso lhe interessar, claro.

Quando o assunto é comunicação, o desafio é enorme, porque comunicação é algo que acontece entre duas pessoas ou mais, ou seja, tem o OUTRO na equação.

Como o responsável pela comunicação é sempre o emissor, é importante ficar atento ao que se está recebendo de volta. Pode ser que o que você esteja oferecendo é que está provocando isso.

9. COMUNICAÇÃO ■ 57

Desde que ouvi aquela frase: "Você é o que você comunica", tenho ficado mais atenta aos meus sinais e, mesmo assim, muitas vezes é ainda bastante difícil controlar minha natureza. Nem tudo que se passa no meu coração precisa se transformar em ação.

Sempre me apego à questão do que quero ser, do que quero ter e quanto meu comportamento e a forma como eu me comunico têm de influência no alcance dos meus objetivos.

Insatisfeito com seus resultados? O jeito é rever suas atitudes!

10. CREDIBILIDADE

Gurus de Palco: Quando Falar Bem dá Mais Resultado do que Fazer Bem

> "Feliz aquele que transfere o que sabe
> e aprende o que ensina."
>
> Cora Coralina

Dia desses uma amiga veio comentar comigo o quanto admirava determinado consultor. Ela o havia contratado algumas vezes e ficava sempre bem impressionada com a quantidade de referências que ele trazia para as discussões em reuniões e em sala de aula. A empolgação era tanta que ela chegou a me sugerir: você deveria assinar a revista tal.

Fiquei dias com aquele *feedback* travado na garganta. Sim, mesmo indiretamente, aquilo havia sido um *feedback*. A minha leitura foi: eu tenho contratado mais ele do que você porque ele possui muitas referências e você não. Foi a minha leitura. Minha leitura! Minha!

Essa amiga também já me contratou muitas vezes e vive me recomendando quando o tema é vendas em qualquer formato (área diferente daquela do tal consultor comportamental). Apesar da recompra ser, na minha opinião, o melhor *feedback* de todos, as palavras da minha amiga ficaram ressoando na minha cabeça por dias.

Caramba, mas eu leio tanto! Nos dias que passei com ela fiz comentários sobre diversos livros. Participo de congressos e eventos nacionais e internacionais sobre minha área de especialização com frequência. Será que mesmo assim ela me acha alguém sem referências?

Como o ser humano (nesse caso, eu) tem uma capacidade incrível de encontrar desculpas perfeitas para se conformar, consegui criar meu racional para explicar aquela admiração e de quebra refleti bastante sobre como as pessoas tendem a enxergar umas às outras.

(De fato, eu continuo achando que o *feedback* não me cabe, mas me incomodou, por isso mergulhei nele).

Fui olhar a vida do tal consultor comportamental (Google, amigos e clientes em comum). Resumo: fluência verbal impressionante, alta capacidade de customização, inteligência fora do comum, dificuldade de trabalhar em equipe, dificuldade de compartilhar seu conhecimento com outros profissionais (que ele considera concorrentes), dificuldade de desapegar, síndrome do pânico entre outras coisas pouco publicáveis... enfim, o resumo é: pratica pouco daquilo que ensina.

Mas quem conhece esse outro lado? Quem se importa com esse outro lado? O importante é que ele ensina os outros a fazerem o que ele não consegue. E ponto.

Comecei a olhar ao meu redor: é tanta incoerência.

O pior líder que tive na vida, um cara que até hoje não conseguiu manter um time unido por mais de seis meses, mau caráter, mau pagador, ameaçado de ser processado diversas vezes por assédio moral e sexual vai publicar um livro sobre.... LIDERANÇA!!!

Mas, mais uma vez: o cara fala bem sobre o assunto. É isso que importa, não é?

E a febre do *coaching*? Meu Deus, é tanta gente malsucedida querendo ensinar aos outros sobre sucesso que chega a dar enjoo. O pessoal faz um curso de autoajuda (mas que diz ser de *coaching*), paga em dez vezes sem juros, inclui a palavra *coach* antes do nome como se fosse mesmo um título e sai por aí pregando. Eu costumo dizer que muitas dessas pessoas deviam fazer primeiro *autocoaching* antes de tentar ajudar alguém (e cobrar por isso).

Quando a Bel Pesce foi "desmascarada" senti uma peninha, eu confesso. Fiquei pensando: ela não fez por mal. Ela não queria enganar ninguém. Ela só queria, como muitos outros tão aclamados, ser aplaudida pelas suas belas palavras.

Quando iniciei meu mestrado em Administração de Empresas fiquei assustada com essa mesma questão: os professores doutores

10. CREDIBILIDADE ▪ 63

já viveram o que sobre o tema que estudam/ensinam? Mas depois comecei a entender que a teoria advém da prática e que, mesmo que o PHD não tenha praticado muito sobre sua matéria, ele estudou muita gente que já o fez, e testou, testou de novo, comprovou, refutou e isso lhe dá embasamento para propor sua própria teoria.

Talvez seja um pouco daquela frase com mil interpretações: quem sabe faz, quem não sabe ensina.

Mas o mundo não está perdido: conheço um monte de gente consistente, que faz questão de ser aquilo que fala e isso me inspira, me deixa feliz e me dá esperanças.

Quanto a mim? Estou cada vez mais convencida de que minha coerência reforça minha coerência, como um ciclo: algo desperta meu interesse, começo a estudar sobre, pratico, erro, pratico, ensino, erro, pratico, ensino e quanto mais eu ensino mais eu me convenço, mais eu penso sobre o assunto, mais eu mergulho nele, mais eu testo minhas próprias teorias sobre a teoria e mais eu aprendo.

Meu tesão não é só compartilhar meu conhecimento, mas compartilhar minhas experiências. Às vezes elas vêm acompanhadas de um infográfico, de uma matriz, de um estudo científico, mas às vezes não. No entanto, sempre vêm acompanhadas pela paixão e pelo desejo legítimo de desafiar as pessoas a se tornarem melhores do que são, afinal, pessoas mais competentes trazem resultados consistentes para si e para as organizações nas quais trabalham ou para as quais prestam serviços.

Algumas pessoas se sentem inspiradas pela maneira como outras pessoas falam, por como elas expõem suas ideias e certezas. Talvez a minha explicação para o amor por biografias esteja aí: eu me inspiro em pessoas que fazem e nos resultados que conquistam.

E você? Com o falar ou com o fazer, você se inspira com o quê?

11. COMPARTILHAMENTO

Vivenciando, Sentindo, Transbordando e Compartilhando

> "O grande segredo para a plenitude
> é muito simples: compartilhar."
>
> Sócrates

Na adolescência, eu adorava escrever diários. O desafio era equilibrar minha vontade de gritar ao mundo os meus sentimentos com os segredos que queria guardados para mim. Criava códigos (que até hoje consigo decifrar), mas deixava meu diário aberto (sem cadeado) na esperança de que meus pais os lessem e entendessem melhor aquilo que se passava na minha cabeça (e no meu coração).

Algumas dessas confissões eu revelava aos amigos mais próximas. Outras continuam me inquietando. A tecnologia me fez migrar para um blog (www.carolmanciola.zip.net), depois para outro blog (*In Out* – www.carolmanciola.blogspot.com.br) que nunca divulguei, mas que deixei aberto na rede para quem quisesse me conhecer melhor.

Depois veio o Orkut e agora são muitas as redes sociais que mantenho atualizadas diariamente com reflexões, provocações, momentos de felicidade e desabafos.

Nesse mundo das redes sociais, onde todos compartilham seu mundo perfeito, às vezes me surge uma pergunta: por que as pessoas tendem a compartilhar muito mais coisas boas do que coisas ruins? Minhas hipóteses são duas:

A Felicidade quando Compartilhada tem seu Significado Ampliado

É uma delícia gritar para o mundo o quanto somos (ou estamos) felizes. Ganhar *likes* e comentários de incentivo e aprovação tornam, para mim, aquele momento ainda mais especial. É como se eu quisesse que outras pessoas sentissem o prazer que eu estou sentindo. Se motivassem a experimentar aquela comida deliciosa ou a conhecer aquele lugar incrível. E eu também sou contagiada pelos *posts* alheios.

Já planejei viagens seguindo o roteiro indicado por alguém, já fui a restaurantes só porque sicrano ou beltrano recomendaram. E é tão bom sentir o que os outros sentiram. E marcá-los agradecendo, e convidá-los a viver novas (e já conhecidas) experiências comigo. Essa aproximação virtual torna o mundo presencial interessante demais. A felicidade ganha uma proporção tão maior!

Acontece que existe um efeito colateral, na maioria das vezes velado: a inveja. Dia desses uma "amiga" me excluiu do Facebook. Era uma pessoa que eu gostava muito, mas que o rumo da vida tornou distante. Sentindo falta dela, decidi perguntar o que tinha acontecido via WhatsApp. A resposta foi intrigante: "Eu te exclui porque você me incomodava. Você parece estar numa competição para o prêmio de pessoa mais feliz do mundo e, sinceramente, ninguém tem uma vida tão perfeita". Lembro que fiquei dias olhando para aquela mensagem e elaborando uma resposta. Decidi simplesmente ignorar. Ela realmente não merecia ser contagiada pela minha felicidade.

Desde então, comecei a perceber outro padrão: o fracasso alheio conforta e o sucesso incomoda.

Ao ver alguém triste, infeliz ou reclamando da vida, pessoas que compartilham desses sentimentos correm para abraçar os "coitadinhos", criando uma corrente de solidariedade. Mas não saem do mundo virtual. Não socorrem de verdade. Apenas sentem-se confortados por não serem os únicos a sofrer.

Já o sucesso... Ah, o sucesso é sorte, é falso, é perecível. Pode apostar que logo logo aquela paixão acaba, o filho maravilhoso se torna problemático, o emprego dos sonhos se torna um pesadelo, comentam alguns. Outro dia encontrei com um conhecido que me

11. COMPARTILHAMENTO ■ 69

fez várias perguntas sobre as minhas conquistas: ele acompanhava tudo, via tudo. Dei uma geral na minha *timeline* e percebi que ele não curtia nada. Fingia estar admirado, mas não queria me dar "popularidade". Vai entender...

Essas questões me levaram à minha segunda hipótese:

2. A Gente Compartilha Aquilo que Transborda

Consciente ou inconscientemente, é fácil notar que compartilhamos com outras pessoas aquilo que transborda na gente.

Assisti a um filme que achei sensacional. Saio da sessão transbordando de ideias. Falo sobre isso em rodas de conversa, em reuniões da empresa ou em *posts* diversos.

Estou apaixonado por alguém. Transbordo felicidade, sorrio à toa, abraço de forma intensa, faço coraçõezinhos no caderno...

Estou de saco cheio do meu chefe. Não perco a oportunidade de falar mal dele para qualquer pessoa que pergunta: "Tudo bem com você?".

E por aí vai...

E o efeito colateral dessa hipótese é a contenção. Você já deve ter vistos *memes* do tipo: "Não fale o que sente a qualquer um. Baú aberto não protege tesouro", ou "O segredo da felicidade é a felicidade em segredo" e tantos outros.

Existem aquelas pessoas que também não compartilham seu conhecimento, pois trabalharam duro para conquistá-lo. Sair distribuindo o que sabem por aí vai torná-los menos interessantes ou diferenciados.

Será?

Nessa piração de se conter, algumas pessoas explodem. Eu preferia que elas implodissem, mas nem sempre é assim que funciona.

O Desafio da Comunidade

Independentemente do que você compartilha, é importante observar que atrai pessoas parecidas com você, que pensam como você e que gostam de coisas que você gosta.

Essa comunidade tem o poder de reforçar seu comportamento, seus sentimentos e suas crenças mais profundas. Por vezes, vejo pessoas criticando seus próprios seguidores, sem perceber que fazem parte do bando.

Olhe ao seu redor e será fácil concluir o que você está se tornando: exatamente aquilo que está atraindo.

12. COMODISMO

Incomode-se ou Acomode-se!

"É necessário ter o caos cá dentro para gerar uma estrela."

Friedrich Nietzsche

É comum olharmos o mundo sob a nossa perspectiva: sempre fui inquieta, acelerada, questionadora, articuladora e minha tendência é esperar isso das pessoas.

Sendo assim, uma pergunta que me faço com frequência é: por que as pessoas se acomodam?

Estar acomodado é estar confortável, por mais que a situação pareça esquisita. Aquela frase do Charles Darwin: "Não é o mais forte que sobrevive, nem o mais inteligente, mas o que melhor se adapta às mudanças", às vezes, é interpretada de forma perigosa. Como se "adaptar-se" fosse "acomodar-se".

É como se algumas pessoas ficassem anestesiadas para sobreviver. Vou tentar explicar:

Outro dia, ministrando um workshop para colaboradores de um hospital que atua no diagnóstico, tratamento, pesquisa e ensino do câncer, ouvi um relato mais ou menos assim:

> "Quando eu cheguei aqui, passei a ver a vida com outros olhos. Ver a dor das pessoas, o impacto da doença em seus familiares, amigos e no seu próprio corpo me entristeciam. Mas, graças a Deus, agora eu já me acostumei."

Intrigada, quis entender um pouco mais e perguntei: e o que isso significa para seu trabalho?

> "Ah, isso muda muita coisa. No começo eu ficava exausto tentando resolver todos os problemas do mundo como se fosse capaz. Hoje, preciso focar na produtividade, reconhecendo que todos os pacientes estão na mesma situação."

Desenrolei a discussão, tentando levar o grupo a traduzir aquele relato (que era compartilhado pela maioria). Meu desafio foi fazê-los perceber que, no instinto de se proteger do contágio com a dor alheia, eles estavam se anestesiando e, consequentemente, reduzindo seus esforços de mobilização na resolução dos problemas apresentados pelos pacientes.

Ou seja, eu me adapto, me acomodo, me anestesio, para tornar meu contexto mais confortável. Nesse caso, a expectativa era exatamente outra. Você precisa se proteger para estar bem, mas também precisa transformar seu sentimento em energia propulsora da ação.

Esse programa de treinamento me levou a profundas reflexões sobre a acomodação. A gente vai dando um jeitinho, empurrado aqui, espremendo ali para fazer caber e, sem perceber, vai perdendo a forma original; vai se deformando.

Fazendo um paralelo com situações diárias, minha conclusão é que é o incômodo é que gera ação.

Se estou satisfeito com que o possuo, com o que sou, ou seja, com o meu contexto, para quê mudar?

Se algo me incomoda, a questão é: estou disposto?

Nas minhas alucinações, criei um mapa por meio do qual tento explicar o processo:

12. COMODISMO ■ 75

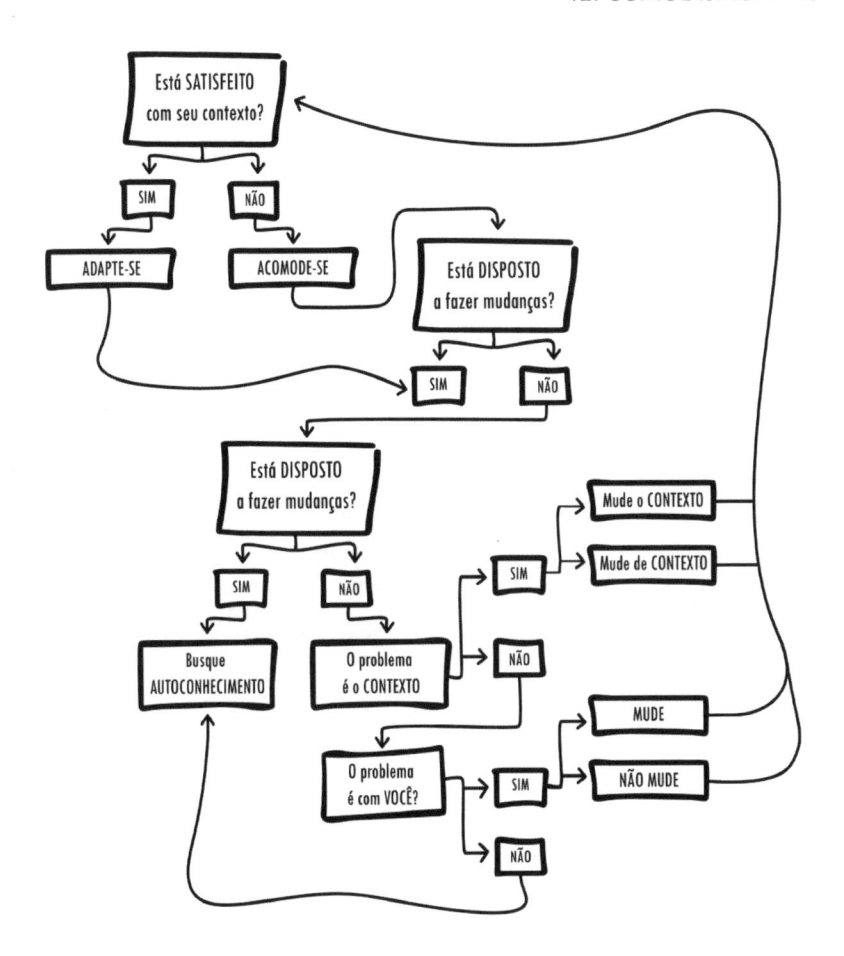

```
Está SATISFEITO com seu contexto?
├── SIM → ADAPTE-SE
└── NÃO → ACOMODE-SE / Está DISPOSTO a fazer mudanças?
         ├── SIM
         └── NÃO
              Está DISPOSTO a fazer mudanças?
              ├── SIM → Busque AUTOCONHECIMENTO
              └── NÃO → O problema é o CONTEXTO
                        ├── SIM → Mude o CONTEXTO / Mude de CONTEXTO
                        └── NÃO → O problema é com VOCÊ?
                                  ├── SIM → MUDE / NÃO MUDE
                                  └── NÃO
```

Em resumo, enxergo duas opções:

1. Posso me acomodar, aceitando o contexto mesmo que eu me deforme, ou
2. Posso me incomodar e fazer tentativas de me transformar ou fazê-lo com o meu contexto.

Não sou especialista em Física ou Química, mas fazendo uma analogia, imagino algo mais ou menos assim:

Ao me acomodar e me deformar, eu altero minha forma. É físico: minha essência é a mesma. Eu me superestimo ou me subestimo, eu me dissolvo em determinado contexto, eu altero meu estado emocional. Com isso, eu sou capaz de contagiar o ambiente à minha volta deixando tudo mais confortável à minha perspectiva.

Ao me incomodar e estar disposto a prover mudanças mais profundas, eu me transformo, ou seja, me torno diferente. É químico: eu altero minha natureza. Eu mudo minha maneira de agir, eu adquiro novos poderes, eu libero energia e produzo novos efeitos no meu contexto.

A conclusão é simples: ou você se incomoda ou se acomoda; ou você se transforma ou se deforma.

Consciência, coerência e consistência. Sempre!

Entre em sintonia com o mundo

Qualitymark Editora Ltda.
Rua Teixeira Júnior, 441 - São Cristóvão
20921-405 - Rio de Janeiro - RJ
Tel.: (21) 3295-9800
Fax: (21) 3295-9824
www.qualitymark.com.br
E-mail: quality@qualitymark.com.br

Dados Técnicos:

• Formato:	14 x 21 cm
• Mancha:	11 x 18 cm
• Fonte:	OptimaLTStd
• Corpo:	11
• Entrelinha:	13
• Total de Páginas:	92
• 1ª Edição:	2017